Aktien

Aktien für Anfänger: Mit wenig Geld viel verdienen

Inhaltsverzeichnis

Einleitung 1
Kapitel 1: Grundlagen über den Aktienmarkt 3
Was genau passiert beim Aktienhandel? 3
Terminologie des Aktienhandels 6
Kapitel 2: Mögliche Investments erkunden 10
Setze Ziele und kalkuliere Risiken 10
Wähle eine geeignete Strategie 13
Informiere dich über Firmen, die dich interessieren 15
Kapitel 3: Aktien kaufen 19
Aktien direkt bei einer Firma kaufen 19
Aktien über einen Broker kaufen 21
Ein Aktienkonto anlegen 24
Den Kauf durchführen 25
Kapitel 4: Aktien verwalten 29
Die Kurse beobachten 29
Aktien verkaufen 32
Schlusswort 35
Impressum 37

Einleitung

Viele Menschen träumen davon, mit Aktienhandel richtig reich zu werden. Wer dir allerdings verspricht, dass du hier mit Nichts zum Millionär werden wirst, dem solltest du keinen Glauben schenken. Ja, es ist möglich Glück zu haben und dabei sehr, sehr reich zu werden. Aber das ist in den seltensten Fällen so. Was viel wahrscheinlicher ist, ist, dass dich das Streben nach finanziellem Reichtum emotionale Entscheidungen treffen lässt, die dir wahrscheinlich eher schaden werden, als das sie nützen. Wer mit unrealistischen Erwartungen mit dem Handel von Aktien anfängt, der kann auch ebenso gut ins Kasino oder Wettbüro gehen.

Aber, nichtsdestotrotz gehört der Handel mit Aktien zu den lukrativsten Methoden, sein Geld anzulegen. Nein, du wirst wahrscheinlich nicht innerhalb kürzester Zeit reich werden. Du wirst aber relativ sicher im Laufe der Zeit Gewinn erzielen, wenn du geschickt und mit Strategie in Aktien anlegst. Und nach dieser Zeit mehr Geld zu haben als vorher, das ist definitiv besser als sein Geld nicht anzulegen. Und unter den vielen Möglichkeiten sein Geld anzulegen, wird der Handel mit Aktien noch immer zu den besten

Möglichkeiten gezählt. Denn im Vergleich zu anderen Optionen lässt sich hier mit weniger Aufwand mehr Geld machen. Aber eben nur, wenn man vernünftig agiert.

Dabei realistisch zu bleiben, ist das Wichtigste. Dieses E-Book soll dir einen Einstieg in den Handel mit Aktien vermitteln. Dir werden dabei einige Grundsätze ebenso wie Begrifflichkeiten erläutert. In späteren Kapiteln gehen wir dann auch über die Praxis. Drei Grundsätze solltest du dabei immer beachten:

1. Der Handel mit Aktien ist nicht 100% sicher. Niemand weiß, wie ein Aktienkurs sich entwickeln wird.

2. Informiere dich über Aktien und deine Möglichkeiten. Am besten aus mehreren Quellen.

3. Plane im Voraus, um emotionale Entscheidungen zu vermeiden.

Kapitel 1: Grundlagen über den Aktienmarkt

In diesem Kapitel gehen wir über einige Grundsätze des Aktienmarkts. Manche dieser Abschnitte sind dir vielleicht schon bekannt. Es geht hier hauptsächlich darum eine Wissensgrundlage zu schaffen, auf denen wir in späteren Kapiteln aufbauen werden.

Was genau passiert beim Aktienhandel?

Bei Aktien handelt es sich um den prozentualen Besitz an Firmen, beziehungsweise Institutionen. Man spricht hierbei von **Anteilen**, da dem Besitzer einer Aktie zu einem Teil die entsprechende Firma gehört. Während der Unternehmensgründung, oder auch zu einem späteren Zeitpunkt, kann entschlossen werden, dass die Firma beispielsweise in Form einer Aktiengesellschaft (AG) von mehreren Menschen besessen wird. Hierbei verkauft dann die Firma im ersten Schritt Aktien an Interessierte. Beim Handel mit Aktien am **Aktienmarkt** können nun

Besitzer von Aktien diese frei an andere Interessierte verkaufen. Man könnte also sagen, dass es beim Handeln mit Aktien darum geht, den Besitz über einer Firma zu tauschen. Dies geschieht immer in einer **Börse**, also dem tatsächlichen Ort wo die Aktiengeschäfte durchgeführt werden. Das Ziel für die Beteiligten ist dabei natürlich, Aktien möglichst günstig einzukaufen und sie später zu einem höheren Wert zu verkaufen, um Gewinn zu erzielen.

Weswegen entscheiden sich Firmen also dazu Anteile zu verkaufen? Weil sie das so gewonnene Geld dazu nutzen können weiter zu wachsen. Das ist prinzipiell eine weitere Einnahmequelle für die Firma, neben dem Verkauf von Produkten oder Dienstleistungen. Allerdings muss es natürlich einen Anreiz dafür geben, dass Menschen ihr Geld in eine Firma anlegen. Und das ist das zugrunde liegende Versprechen, das gewonnene Geld in Wachstum zu stecken, sprich die Firma zu verbessern und zu vergrößern. Somit sollte über Zeit der Wert der Firma steigen. Und Anteile, die ein Investor zu einem Zeitpunkt gekauft hat, sollten im Idealfall später wesentlich mehr Wert sein, sodass dieser sie mit einem Gewinn verkaufen kann.

Und woran bemisst sich dieser Wert, also der Preis einer Aktie? Einfach gesagt am freien Markt einer Börse, also am Verhältnis von Angebot und Nachfrage. Wenn viele Aktionäre eine Aktie kaufen wollen und nur wenige diese verkaufen, dann ist die Nachfrage hoch und die Aktien können zu hohen Preisen verkauft werden. Somit steigt der Kurs einer Aktie. Wenn viele Aktionäre eine Aktie verkaufen wollen und nur wenige diese kaufen wollen, dann ist das Angebot hoch und die Aktie kann nur zu niedrigen Preisen verkauft werden. Somit fällt dann der Kurs einer Aktie. Das Interesse am Kaufen oder Verkaufen von einer Aktie kann dabei ganz unterschiedlich begründet sein.

Wenn man davon ausgehen würde, dass Menschen immer finanziell rationale Entscheidungen treffen würden, dann würde der Aktienkurs genau dem Wert der Firma entsprechen. Weil die Menschen nur so viel bereit wären für Anteile an einer Firma auszugeben, wie diese auch tatsächlich Wert sind. Allerdings ist dies natürlich nicht der Fall. Aktionäre lassen sich wie jeder andere Mensch auch mal von Gefühlen, Intuitionen und Eingebungen leiten. Außerdem sind sie sowieso in den seltensten Fällen über alle Sachverhalte im Klaren, um eine informierte Entscheidung zu treffen. Das ist einer der Gründe, warum Aktienkurse schwanken.

Manchmal sind einfach durch Zufall mehr Menschen an einer Aktie interessiert, als es sonst sind. Der Preis steigt dann. Andere Aktionäre, die auf kurzzeitige Gewinne aus sind, sehen dies und denken: „Der Wert dieser Aktie steigt grade. Wenn ich jetzt einkaufe wird sie bestimmt weiter so steigen." Der Preis steigt weiter. Wieder andere Aktionäre steigen mit ein, und so weiter. Solange bis ein paar der Aktionäre zu einem hohen Preis verkaufen und den Preis wieder sinken lassen. Dann verkaufen wieder weiter Aktionäre ihre Aktien, weil sie befürchten, dass der Preis nun weiter absinken wird. Was wiederum den Preis tatsächlich sinken lässt, und so weiter. Trends sind also ein wichtiger Faktor. Mit anderen Worten die Tatsache, dass viele Menschen eher dazu geneigt sind vielen anderen Menschen folgen. Wenn man Aktien langfristig anlegt, ist das Spiel des Aktienhandels sich solchen Trends nicht zu unterwerfen. Und kurzfristige, von Trends verursachten Entwicklungen des Preises von langanhaltenden Trends zu unterscheiden. Strategien im Aktienhandel werden wir später etwas genau beleuchten.

Terminologie des Aktienhandels

Wenn man mit Aktien handeln möchte, sollte man sich natürlich über den Prozess so gut wie möglich informieren. Hierbei gilt es auch, die damit verbundene Sprache zu lernen. Einige Begriffe wurden schon genannt, da diese den meisten Menschen sowieso schon geläufig ist. Der Kurs einer Aktie oder **Aktienkurs** zeigt die Preisentwicklung einer Aktie über Zeit an. Dieser richtete sich, wie gesagt, an Angebot und Nachfrage der Aktie. Werden Aktien gekauft, häufig spricht man aber auch davon in **Aktien zu investieren**. Daran angelehnt spricht man auch häufig davon ein **Investment** zu tätigen. Werden diese später wieder verkauft, man spricht hier häufig davon **Aktien abzustoßen.**

Da Aktien Anteile an einer Firma entsprechen, sollte einem bewusst sein, dass einem als Aktionär die Firma, von der man Aktien gekauft hat, tatsächlich zu einem Prozentsatz gehört. Es gibt hierbei zwei Arten von Aktien, bei denen sich dieser Prozentsatz auf unterschiedliche Art und Weise bemisst. Bei **Nennwertaktien** haben die Aktien einen festgelegten Wert, zum Beispiel 50€. Der Anteil an der Firma entspricht dann dem Verhältnis von diesem Nennwert zum gegenwärtigen Kapital der Firma, was

Grundkapital oder **Eigenkapital** genannt wird. Wenn eine Firma also 1.000.000€ Kapital besitzt, dann würde eine Aktie von 1000€ einem Anteil von 0,1% entsprechen. Beachte dabei, dass der Nennwert nicht dem Preis einer Aktie an der Börse entsprechen muss. Bei **Nennwertlosen Aktien**, auch **Stückaktien** oder **Quotenaktien** genannt, bemisst sich der prozentuale Anteil an der Firma am Verhältnis zu allen weiteren Aktien. Wenn eine Firma also 100 Nennwertlose Aktien verkaufen würde, dann würde der Besitz einer Aktie einem Anteil von 1% an der Firma entsprechen. Dabei kann beim sogenannten **Börsengang**, also beim ersten Verkauf ihrer Anteile, selbst entscheiden, welche Form von Aktien zu wie vielen Stücken verkauft. Bei Nennwertaktien können sogar Aktien derselben Firma mit verschieden hohen Nennwerten verkauft werden.

Viele Aspekte unseres Wirtschaftssystems resultieren aus der Tatsache, dass Firmen, die Anteile verkaufen, nun von einer Gemeinschaft an Menschen besessen wird. Das meiste werden wir hier ignorieren, da eine mögliche Entscheidungsmacht von Aktionären in einer Firma von vielen Begebenheiten abhängt. Häufig sind Aktionäre sowieso nur am Handel mit Aktien interessiert, und nicht unbedingt am dadurch bedingten anteiligen Besitz an der gegebenen Firma. Wichtig ist aber, dass einem als Aktionär meist **Dividenden** ausgezahlt werden. Wenn eine Firma Gewinn erzielt, so wird dieser zum Großteil an die Besitzer ausgegeben. Und auch wenn einem als normaler Aktionär nur ein kleiner Prozentsatz einer Firma gehört, so wird einem dennoch ein Teil des Gewinns ausgezahlt. Das ist, was man Dividende nennt. Neben dem Kaufen und Verkaufen von Aktien, hat man mit Dividenden also eine weitere Möglichkeit Gewinne zu erzielen.

Kapitel 2: Mögliche Investments erkunden

In diesem Kapitel beleuchten wir, wie du dich entscheiden kannst, in was für Aktien du anlegen solltest. Dieses Kapitel ist sehr wichtig, da du nur mit ausreichend Planung im Voraus gut spätere Verluste vermeiden kannst. Viele Menschen sind schon am Aktienmarkt überraschend Pleite gegangen, weil sie sich vorher nicht ausreichend informiert haben.

Setze Ziele und kalkuliere Risiken

Bevor du ein Investment kaufst, solltest du dir deiner Ziele und der Risiken bewusst sein. Dies wird dir später helfen zu entscheiden, wann du Investments einkaufen solltest und wann du diese wieder verkaufen solltest. Prinzipiell gilt beim Aktienhandel dasselbe, wie auch bei allen anderen Geschäften: Kaufe niedrig und verkaufe hoch. Allerdings wird es als Fehler angesehen, sich bei Aktiengeschäften spontanen Entscheidungen hinzugeben. Generell ist der Handel mit Aktien natürlich spekulativ, man weiß also nie wirklich, wie sich ein Aktienkurs entwickeln wird. Auf kurze Sicht ist aber der Einfluss von Trends zu groß, als dass man verlässlich den Kurs abschätzen kann. Auf lange Sicht gleichen sich zeitlich begrenzte Trends aber aus, und das theoretische Wachstum der Firma sollte sich in einem tendenziellen Anstieg der Aktie bemerkbar machen. Deswegen wird überwiegend geraten, Aktien langfristig anzulegen, um somit berechenbaren Gewinn zu erzielen.

Nun, wie kann man sich nun geeignete Ziele setzen? Mache dir bewusst, wieviel Geld du genau haben möchtest und warum. Einfache Ziele wie „Ich möchte reich werden" sind wenig hilfreich, weil du keine Richtwerte davon ableiten kannst. Nehmen wir an, dass du Anfang des Jahres überlegst, dir in einem Jahr ein Auto für 50.000€ zuzulegen. Aber wenn du nur 40.000€ gespart hast (und wir weiteres Einkommen und die Möglichkeit einer Ratenzahlung ignorieren), dann müsstest du dein Erspartes in dem einen Jahr so anlegen, dass es um 25%, also um weitere 10.000€ wächst.

Ist dieser Wert realisierbar? Eher nicht! Du kannst dich zum Beispiel daran orientieren, dass sehr erfolgreiche Investoren einen jährlichen Gewinn von etwa 15-20% machen. Es kommt sehr auf die Aktien an, aber du kannst bei sicheren Optionen als Daumenregel grob von 6% Wachstum pro Jahr ausgehen. Wenn wir zurück zum Beispiel gehen, würdest du bei 6% Wachstum 4 Jahre benötigen, um mit der Angelegten Menge auf über 50.000€ zu kommen. Ob dies nun für dich in Frage kommt oder du lieber das Geld risikoreicher Anlegen möchtest, ist natürlich deine Entscheidung. Wichtig ist, dass dir solche Überlegungen Richtwerte geben, nach denen du entscheiden kannst Aktien zu kaufen und zu verkaufen.

Generell solltest du sowieso nur so viel Geld anlegen, wie du auch bereit bist zu verlieren. Das heißt natürlich nicht, dass du bei generell fallenden Kursen tatenlos zusehen solltest. Im Gegensatz dazu solltest du natürlich auch nicht bei kurzzeitig fallenden Kursen sofort abspringen. Die solltest dir Gedanken machen, wie du den goldenen Mittelweg dafür findest. Es kann dabei sehr sinnvoll sein, hier eine vernünftige Untergrenze festzulegen, die du als Hinweis nimmst die Aktie zu verkaufen. Häufig nehmen Investoren eine Untergrenze von 80%. Das heißt, sollte die Gesamtmenge der gekauften Aktien weniger Wert sein als 80% des Geldes, das investiert wurde, werden die Aktien auf jeden Fall verkauft. Versuche hier einfach mit objektiven, vorher festgelegten Richtwerten zu arbeiten, anstelle von Intuitionen und Bauchgefühlen.

Wähle eine geeignete Strategie

Eine grundlegende Überlegung ist es entweder in **Value oder Growth** (Werte oder Wachstum) zu investieren. Im Grunde ist dies die Frage ob man stabiles, langfristiges Wachstum oder risikoreiches, hohes Wachstum bevorzugt. Aktien von Marktführern in etablierten Märkten sind so genannte Value-Aktien. Die Kursentwicklung einer solchen Aktie ist stetig positiv, wobei sich hier eher langfristig hohe Gewinne einstreichen lassen. Aktien von erfolgreichen Neueinsteigern in sich entwickelten Märkten sind dagegen sogenannte Growth-Aktien, oder Wachstumsaktien. Der Kurs einer solchen Aktie steigt schnell an und verspricht hohe Gewinne in kurzer Zeit. Allerdings ist dies mit einem gewissen Risiko verbunden. Wie bereits gesagt, der Aktienhandel wird auf der einen Seite von der tatsächlichen Entwicklung der tatsächlichen Firma beeinflusst. Und auf der anderen Seite von dem Kaufverhalten der Aktionäre. Sollte die tatsächliche Entwicklung einer Firma nicht mit dem rasanten Anstieg ihrer Aktie mithalten können, so wird der Preis der Aktie sehr wahrscheinlich wieder signifikant abfallen. Langfristigkeit, Stabilität und der erwartete Gewinn sind alles Faktoren, die hier bedacht werden sollten.

Diversifikation ist ein weiterer, wichtiger Faktor, den es zu beachten gilt. Das bedeutet, dass du deine Investments möglich streuen solltest, also dass du in mehrere Aktien als nur einer anlegen solltest. Das verringert generell das Risiko, da du so häufig Einbrüche in einer Aktie durch die anderen ausgleichen kannst. Hierbei kann man nicht viel falsch machen, in der Regel ist es immer besser breit in diverse Aktien anzulegen.

Einzelne Aktien, oder **Wertpapiereeinzelner Firmen**, stehen außerdem **Fonds** gegenüber. Die Aktien einzelner Firmen sind natürlich das, was wir bis jetzt beleuchtet haben Fonds wiederum stellen quasi einen großen Pott dar, in den viele Menschen gemeinsam einzahlen und mit dem gemeinsam viele verschiedene Aktien gehandelt werden. Fonds arbeiten somit nach dem Prinzip der Diversifikation, nur dass man diese nicht selbst verwaltet. Fonds sind von daher mit einem deutlich geringeren Risiko und auch Aufwand verbunden. Allerdings fallen hier natürlich deutlich mehr Gebühren an, als bei

Wertpapieren einzelner Firmen. Also sind die zu erwartenden Gewinne niedriger, grade auf kurze Zeit gesehen.

Ob du nun auf Stabilität oder Wachstum setzt, sollte von deinen festgelegten Zielen abhängen. Wichtig ist nur, dass du eine solche Entscheidung bewusst treffen solltest. Denn es kann natürlich passieren, dass du einen Teil deines Geldes verlierst. Niemand mag es natürlich Geld zu verlieren, aber eine bewusste Entscheidung und ein Verständnis für die Hintergründe lassen dich einfacher darüber hinweg sehen.

Informiere dich über Firmen, die dich interessieren

Investiere nur in Firmen und Branchen, die du auch verstehst. Dieses Zitat vom amerikanischen Groß-Investor Warren Buffet solltest du unbedingt beherzigen. Man muss kein Finanzgenie sein, um am Aktienmarkt erfolgreich zu sein. Sowieso kann niemand wirklich anhand der vorangegangenen Kursentwicklung voraussagen, wie sich ein Kurs weiter entwickeln wird. Aber ein gewisses Verständnis für eine zugrunde liegende Branche kann dir zumindest helfen zu entscheiden, ob Firmen in dieser Branche generell Wachstumschancen haben oder nicht. Denke immer daran, dass der Börsenpreis einer Aktie zu einem Teil aus Trend und zu einem weiteren Teil aus tatsächlicher Firmenentwicklung besteht. Und wenn du dich zumindest ein wenig mit einer Firma und ihrem Geschäft auskennst, so ist es einfacher für die ihre Entwicklung abzuschätzen. Bevor du Aktien kaufst und während du diese besitzt, solltest du also immer mal ein Auge auf die Entwicklung der Firma werfen. Zum einen über Nachrichten. Wenn du zum Beispiel hörst, dass eine Firma einen wichtigen Rechtsstreit verloren hat, oder dass die Politik neue und härte Regeln dieser Branche auferlegt, kann das ein Hinweis sein, dass die Kurse sinken werden.

Auf der anderen Seite kann man sich auch für Aktionäre bestimmte Zahlen angucken, die von Aktiengesellschaften immer veröffentlicht werden. Hierbei schauen wir uns ein paar oft benutzter Zahlen genauer an. Der **Gewinn je Aktie** (Englisch: **earnings per share**, EPS) steht für den Teil der Profite, der an Anteilseigner ausgezahlt wurde. Wenn man also durch Dividenden verdienen möchte, ist dieser Wert sehr wichtig. Die **Marktkapitalisierung** (Englisch: **marketcap**) ist der gesamte Wert aller Aktien einer Firma und repräsentiert den allgemeinen Wert einer Firma. Wenn man nach Value-Aktien sucht, sollte dieser Faktor definitiv beachtet werden und möglichst hoch sein. Die **Eigenkapitalrendite** (Englisch: **return on equity**) zeigt das Verhältnis vom Eigenkapital zu den Profiten einer Firma an. Dies zeigt an, wie profitabel eine Aktie dieser Firma wahrscheinlich ist. Je höher, desto besser. Grade innerhalb einer Branche lassen sich hiermit Firmen miteinander vergleichen. Ein Hinweis hierbei ist, dass man die Dimensionen beachten sollte. Eine Firma, die mit 10.000€ Eigenkapital 2.000€ Gewinn gemacht hat, hat mit 20% Eigenkapitalrendite denselben Wert, wie eine Firma, die mit 10.000.000€ Eigenkapital 2.000.000€ Gewinn gemacht hat. In solchen Fällen sind in der Regel Eigenkapitalrenditen aus höherem Eigenkapital als besser anzusehen. Der **Betafaktor** zeigt an, wie sehr die Aktie einer Firma im Vergleich zum Rest des Marktes schwankt. Damit zeigt dies das Risiko einer Aktie an. Ein Betafaktor größer als 1 steht für eine größere Schwankung als die des Markts, als für ein hohes Risiko. Ein Betafaktor niedriger als 1 steht für eine niedrigere Schwankung als die des Markts, also für ein geringes Risiko. Und ein negativer Betafaktor wiederum steht dafür, dass sich eine Aktie gegenläufig zum Markt entwickelt (was gut oder schlecht sein kann, je nachdem wie sich der Markt entwickelt). Der **gleitende Durchschnitt** (Englisch: **movingaverage**) steht für den durchschnittlichen Preis einer Aktie über einen gewissen Zeitraum. Anhand dieses Werts kann man erkennen, also ob man derzeit einen guten Deal macht. Dabei sollte der aktuelle Preis kleiner als der gleitende Durschnitt sein, wenn man kaufen möchte. Und größer, wenn man verkaufen möchte.

Kapitel 3: Aktien kaufen

In diesem Kapitel geht es nun eher praktisch darum, wie man Aktien kaufen kann. Es gibt dabei natürlich eine Bandbreite an Möglichkeiten, die wichtigsten werden dir hier vorgestellt, um einen Überblick zu verschaffen. Grade in diesem Punkt solltest du dich auch weitergehend informieren, um andere Möglichkeiten in Betracht zu ziehen, die für deine Situation vielleicht passender sind.

Aktien direkt bei einer Firma kaufen

Eine Möglichkeit, über die man sich informieren sollte, ist Anteile an einer Firma direkt zu erwerben. Manche Firmen bieten einen so genannten **Direct Share Purchase Plan(DSPP)** an. Dies sind Pläne, eine festgelegte Summe in regelmäßigen Abständen an die Firma zu zahlen, um dadurch Anteile zu erhalten. Es gibt besteht häufig auch die Möglichkeit, auszuzahlende Dividenden automatisch in die Firma zu reinvestieren. Einen solchen Plan nennt man **Dividend Reinvestment Plan (DRIP)**.

Der Vorteil von DRIPs gegenüber DSPPs ist, dass man weniger Eigenkapital einsetzen muss, um dieselbe Menge an Aktien am Ende zu erhalten. Dafür bekommt man Dividenden dann allerdings nicht ausgezahlt. Grundsätzlich lässt sich sagen, dass DRIPs eher für langfristige Investitionen geeignet sind. Nicht jede Firma bietet solche Pläne an. Manchmal kann man im Internet herausfinden, ob eine Firma das tut. Aber in den meisten Fällen ist es am besten, sich direkt mit einem Anruf bei einer Firma von Interesse zu informieren. Hier wird einem schnell gesagt, ob solche Pläne möglich sind. Und wenn das der Fall ist, wird man meist direkt an eine verantwortliche Person weiter geleitet, mit der man über die Konditionen sprechen kann.

Ein Vorteil solcher Pläne ist, dass man sich Gebühren, Aufwand und Zeit mit einem Broker zu arbeiten spart. Es können zwar immer noch Gebühren anfallen, aber diese sind meist deutlich niedriger. Wenn man also Wertpapiere einzelner Firmen in Betracht zieht, sollte man sich definitiv informieren, ob diese Firmen solche Pläne anbieten. Ein Nachteil dabei ist, dass eine Menge Papierkram anfallen wird. Man erhält einzelne Abrechnungen und Dokumente von jeder Firma, grade bei DRIPs mindestens 4-mal pro Jahr pro Firma (da diese generell im

Quartal abgerechnet werden). Die anfallenden Dokumente sind alle aufzubewahren, bis zum Verkauf der Aktien. Wer sich also vor Papierkram scheut, der sollte vielleicht doch einen Broker in Betracht ziehen. Außerdem ist Diversifikation schwieriger, wenn man nicht viel Geld besitzt. Da man theoretisch in viele Firmen investieren sollte und sich so Ausgaben und Gebühren erst einmal anhäufen werden. Wenn man also kein Risiko eingehen möchte und wenig Geld besitzt, dann sind Fonds wahrscheinlich die bessere Variante.

Aktien über einen Broker kaufen

Wenn sich keine direkte Option für den Kauf von Aktien anbietet, wirst du nicht darum herum kommen, die Dienste von einem **Broker** in Anspruch zu nehmen. Broker dürfen direkt an der Börse mit Aktien für andere handeln, also diese kaufen oder verkaufen. Ein Broker unterscheidet sich von einem **Börsenmakler** und einem **Trader** insofern, dass er die Aktien für Privatkunden handeln darf. Börsenmakler handeln auch für andere an der Börse, dabei allerdings nur für Geschäftskunden. Und Trader wiederum handeln entweder für sich selber, oder in

Vertretung für eine Firma (in der sie angestellt sind).

Generell wird hier zwischen **Full-Service-Broker** oder **Filialbroker** und **Discountbroker** unterschieden. Full-Service-Broker bieten eine Bandbreite an Diensten an, von der Beratung bis zum eigentlichen Aktienhandel. Grade die Beratung ist hier ein entscheidender Punkt. Broker haben natürlich wesentlich mehr Erfahrung als Einsteiger im Handeln mit Aktien. Durch die Beratung kannst du davon profitieren, da dich der Broker natürlich über viele Optionen informieren kann. Und oft recht gut abschätzen kann, welche Option für welche Situation die beste ist. Ein Discountbroker auf der anderen Seite bietet keine oder kaum Beratung an, sondern führt hauptsächlich nur Aufträge zum Kaufen oder Verkaufen von Aktien durch, meistens über ein Online-Konto. Discountbroker sind generell wesentlich günstiger als Full-Service-Broker, aber man handelt hier natürlich eher eigenständig, also auf eigenem Risiko.

Die Wahl des richtigen Brokers hängt natürlich von einer Bandbreite an Faktoren ab. Zuerst einmal stehen die Gebühren. Hierbei muss man hauptsächlich zwei Arten beachten: Depotgebühren und die Gebühren pro Order, oder **Vermittlungsgebühr**.

Depotgebühren sind meist fixe Gebühren pro Jahr, wenn man ein Konto eingerichtet hat. Bei Discountbrokern fallen diese häufig komplett weg. Die Vermittlungsgebühr wiederum wird für jede Transaktion bezahlt. Manchmal sind dies feste Gebühren pro Überweisung, manchmal errechnet sich das aus dem prozentualen Anteil an der Überweisung. Generell sind Vermittlungsgebühren geringer bei Discountbrokern als bei Full-Service-Brokern. Trotzdem können sich die Gebühren aber auch stark zwischen einzelnen Brokern unterscheiden. Man sollte sich hier immer genau informieren, und im Zweifel eine vollständige Auflistung aller möglichen Gebühren erfragen.

Grade wenn man sich ausführlich beraten lassen möchte und somit die Wahl auf einen Full-Service-Broker fällt, ist Vertrauen sehr wichtig. Generell sollte man einen Broker immer persönlich kontaktieren können. Eine gute Idee ist es, immer zuerst mit einem Broker in Kontakt zu treten, um einen Eindruck von diesem zu bekommen. Wie schnell agiert der Broker? Macht er einen informierten Eindruck? Wie ausführlich informiert er einen selber, bzw. wie einfach kann er es erklären? Diese Fragen können dir helfen zu entscheiden, ob dieser Broker richtig für dich ist. Schließlich liegt dein finanzieller Erfolg zu einem gewissen Teil in seinen Händen. Was aber nicht heißt, dass du ihn für eventuelle Verluste zur Verantwortung ziehen kannst. Das ist der Hauptgrund, warum du deinem Broker vertrauen können solltest. Mit Full-Service-Brokern kann man häufig über eine Bank oder über den Kontakt von Familie, Freunden oder Bekannten in Verbindung treten. Discountbroker wiederum findet man häufiger im Internet, da sie ihre Dienste hauptsächlich auch über das Internet abwickeln. Hier kann man auch genügend Webseiten finden, die verschiedene Online-Broker miteinander vergleichen und diese bewerten.

Ein Aktienkonto anlegen

Egal für welche Option du dich entschieden solltest, im nächsten Schritt wird erst einmal ein spezielles Aktienkonto eingerichtet. Ob du nun über einen Broker handelst oder Aktien direkt von einer Firma kaufst, beide werden verlangen, dass ein extra Konto angelegt wird. Auf diesem wirst du dann Geld erst einmal deponieren müssen, bevor du Käufe durchführen kannst. Was genau für ein Konto das ist, kommt sehr auf die Variante des

Handelns an. Das wichtigste ist nur, dass der Broker oder die Firma eine gewisse Einsicht auf dieses Konto haben. Damit sie sicher gehen können, dass du geplante Käufe auch tatsächlich durchführen kannst. Stell dich also darauf ein, dass du eventuell einigen Papierkram, Unterschriften und Überweisungen tätigen musst, bevor du mit dem eigentlichen Aktienhandel anfangen kannst.

Den Kauf durchführen

Wenn man Aktien über einen Broker kauft, kann man diesen auf verschiedene Arten anweisen, die Aktie zu kaufen. Dabei sind ein paar Dinge zu beachten, die später auch wichtig beim Verkauf der Aktien sind. Zuerst einmal passieren Käufe und Verkäufe nicht direkt, wenn man den Broker dazu anweist. Es muss natürlich ein Käufer oder Verkäufer dafür gefunden werden. Ohne groß ins technische Detail zu gehen, das kann Sekunden, Minuten, oder bei bestimmten Anweisungen Tage dauern. Diese speziellen Anweisungen nennt man **Order**. Sie legen fest, unter welchen Bedingungen ein Broker die Aktie kauft oder verkauft, und haben somit einen Einfluss auf den Preis und die

Dauer des Verkaufs. Die wichtigsten führen wir hier auf. Bei einer **Market Order** weißt man den Broker an, die ausgewählte Aktie sofort zum günstigsten Preis zu kaufen. Die Betonung liegt dabei auf sofort, das heißt das Zeit Vorrang vor Preis hat. Wenn man einen Kurs beobachtet und denkt, zu einem guten Preis kaufen zu können, kann es sein das der Preis bis zur Durchführung der Market Order wieder angestiegen ist. Vielleicht ist er auch niedriger geworden. Auf jeden Fall steht der Endpreis nicht genau fest, die mehr oder weniger sofortige Ausführung schon. Bei einer **Buy Limit Order** wird die Aktie nur zu einem vorher festgelegten Höchstpreis verkauft. Die garantiert einen maximalen Preis, den man für die Aktie ausgibt. Dafür hat diese Order weniger Priorität und wird meist nicht sofort ausgeführt. Zu beachten ist außerdem, dass Order auch mit Zusätzen angewiesen werden können. Zum Beispiel kann man festlegen, wie lange eine Order gültig ist. Meistens sind diese nur für einen Tag gültig, du kannst aber auch einen längeren Zeitraum festlegen, musst dann aber meist höhere Gebühren zahlen. Die wichtigste Lektion hierbei ist einfach, dass man Aktien nicht sofort zu einem festgelegten Preis verkaufen kann. Hier muss man sich selber entscheiden, wie man mit diesem Umstand umgehen möchte.

Ein weiterer Aspekt, den wir kurz beleuchten werden ist die Wahl der Börse. Du kannst häufig selbst entscheiden, an welcher Börse du Aktien kaufen (oder verkaufen) möchtest. Die Unterschiede zwischen den Börsen kommen sehr auf die spezielle Situation drauf an, deswegen ignorieren wir dies hier eher. Informiere dich einfach bei deinem Broker welche Börse welche Vorteile bringt. Grade bei Online-Brokern wird dir eine empfohlene Börse oft einfach angezeigt, um dir hier die Wahl zu erleichtern.

Sobald du eine Aktie gekauft hast, wird dir der Besitz über die Aktie überschrieben. Wenn du mit einem Broker handelst, besitzt der Broker die Aktie zum Zweck des Handelns zuerst einmal weiter, allerdings unter deinem Namen. Der Broker ist formal der tatsächliche Besitzer, du wiederum bist der sogenannte **wirtschaftliche Eigentümer**. Als wirtschaftlicher Eigentümer stehen dir natürlich auch mögliche Dividenden zu. Allerdings existieren Aktien auch in Papierform, die den tatsächlichen Besitz anzeigen, ähnlich wie Geld. Dies ist, was man **Wertpapier** nennt. Wenn du Aktien über einen Broker kaufst und irgendwann wieder verkaufst, wirst du diese Wertpapiere nicht unbedingt zu Gesicht bekommen, grade beim Online-Handel. Dies wird eher der Fall sein, falls du Aktien von einer Firma direkt kaufen solltest. In welcher Form auch immer, du bist nun Aktienbesitzer und wir widmen uns im nächsten Kapitel darum, was du mit diesen Aktien anstellen kannst.

Kapitel 4: Aktien verwalten

Im letzten Kapitel geht es nun darum, was man mit gekauften Aktien anstellen kann. Dabei fokussieren wir uns auf den geplanten Verkauf der Aktien, da dies in den allermeisten immer noch der Hauptgrund ist, sich Aktien zuzulegen. Natürlich können sich auch Rechte aus dem Anteil an einer Firma ergeben, die wir hier aber ignorieren werden, da sie meist eh nur für größere Aktionäre wichtig sind. Mögliche Dividenden sind natürlich interessant, hier gibt es allerdings auch nicht mehr zu beachten, als diese entweder einzustreichen oder wieder zu investieren. Widmen uns stattdessen dem Beobachten von Kursen und dem Verkauf von Aktien, da hier einige Dinge zu beachten sind.

Die Kurse beobachten

Märkte und Aktien schwanken ständig im Wert. Sie können plötzlich steigen, nur um dann wieder zu fallen. Und sie können genauso auch plötzlich fallen, nur um sich dann wieder zu erholen. Mit Aktien auf kurze Zeit zu handeln ist genauso wie das Geld zu einem Kasino zu bringen. Es ist ein ziemliches Risiko damit verbunden und ausgeklügelte Strategien nützten einem nicht wirklich. Nur auf lange Sicht kann man beim Handeln mit Aktien mit einer guten Strategie zuverlässig erfolgreich sein. Generell ist es also besser, in Aktien anzulegen und diese ruhen zu lassen. Statt ständig neue Aktien zu kaufen und alte zu verkaufen. Denn zusätzlich zur Unberechenbarkeit schlagen sich anhäufende Transaktionen natürlich in den Vermittlungsgebühren nieder, also in den Gebühren an den Broker. Ein bekanntes Sprichwort beim Handel mit Aktien besagt: **Hin und her macht Taschen leer**.

Dennoch sollte man natürlich sicher gehen, dass das eigene Geld gut angelegt ist. Das heißt immer mal den Kurs einer Aktie zu beobachten, um Verluste zu vermeiden. Dabei muss man unterscheiden können zwischen kurzzeitigen und langfristigen Kursabfällen. Und am besten geht das, wenn man sich ein wenig mit den Geschäften der Firma auskennt. Denn wenn es keinen erkennbaren Grund für einen Kursabfall gibt, so ist er wahrscheinlich einfach vom derzeitigen Kaufverhalten der Aktionäre verursacht. Vielleicht hat einfach ein größerer Investor seine vielen Anteile verkauft, um in den Ruhestand zu gehen. Und das erhöhte Angebot treibt dann den Preis runter. Oder viele Aktionäre verkaufen kurzzeitig, weil sie ein Gerücht über die Firma im Internet gelesen haben. In solchen Fällen wird ein Kursabfall wahrscheinlich kurzfristig sein und sich wieder erholen. Auf der anderen Seite kann ein Kursabfall auch, wie schon erwähnt, durch signifikante Ereignisse beeinflusst sein, wie eine Klage gegen die Firma und dem Auftauchen eines neuen, starken Konkurrenten.

Bei fallenden Kursen gilt es frühzeitiges Verkaufen genauso zu vermeiden wie zu spätes Verkaufen. Hier gilt es einfach ruhig zu bleiben und sein eigenes Verhalten zu reflektieren, um den Einfluss von Emotionen vorzubeugen. Wenn man eher dazu geneigt ist, schnell Risiko aus dem Weg zu gehen, sollte man sich hier in Geduld üben. Um zu langem Festhalten an fallenden Kursen vorzubeugen, hilft es sich Untergrenzen an Verlust festzulegen. Wenn Aktienkurse steigen, sollte man sie auch nicht zwangsläufig verkaufen. Denn wenn einem nur der reine Gewinn wichtig ist, wird man sich vornehmen beim nächsten Mal länger zu warten, wenn beobachtet wie der Aktienkurs nach dem Verkauf weiter ansteigt. Nur um dann vielleicht von einem fallenden Kurs überrascht zu werden. Auch hier helfen einem seine Ziele zu setzen. Wenn man sich 50.000€ als Ziel gesetzt hat, sollte man verkaufen, wenn man 50.000€ erreicht hat.

Und nicht seine Ziele zurück stecken, nur weil man denkt: „Oh, vielleicht steigen die Kurse ja weiter. Dann habe ich noch mehr." Zusammenfassend lässt sich also sagen, dass man die Kurse genügend beobachten sollte, aber nicht zu viel. Grade wenn man langfristig anlegt, reicht es sich alle paar Wochen zu informieren. Und nicht jeden Tag.

Aktien verkaufen

Wenn es ans Verkaufen der Aktien geht, gibt es prinzipiell zwei Möglichkeiten: Entweder über einen Broker oder nicht. Am einfachsten ist dies, wenn man dieselben Aktien über diesen Broker erworben hat. Hier muss man seinen Broker entweder durch einen Anruf oder Online lediglich anweisen, entsprechend Aktien zu verkaufen. Es fallen wieder Vermittlungsgebühren an, der Verkauf kann sich wieder eine Zeit lang hinziehen, der Verkaufspreis steht nicht sicher fest und man kann seinem Broker auch wieder anweisen Untergrenzen und Obergrenzen einzuhalten. Hierbei gibt es mehrere Möglichkeiten, die wichtigsten führen wir hier auf. Bei der **MarketOrder** weißt man den Broker an, die Aktie sofort zu einem bestmöglichen Preis zu verkaufen. Diese haben oberste Priorität, werden also schnell ausgeführt. Dafür wird der Preis nicht feststehen, kann also durch Schwankungen beeinflusst werden. Bei einer **Sell Limit Order** wird die Aktie nur verkauft, wenn ein bestimmter Wert überschritten wird. Das ist nicht immer der bestmögliche Preis, die Einhaltung der Bedingung wird aber garantiert. Bei einer **Stop Order** weißt man den Broker an, die Aktie sofort zu verkaufen, wenn ein bestimmter Wert unterschritten ist. Diese eignen sich also um Verluste zu begrenzen.

Ein bisschen komplizierter wird es, wenn man die Aktien nicht über einen Broker erworben hat, bzw. noch kein Konto besitzt. Möglicherweise liegen die Aktien einfach nur in Papierform vor. Man kann in so einem Fall einen Broker kontaktieren und seine Dienste in Anspruch nehmen. Im darauf folgenden Prozess wird die Aktie dann an den Broker überschrieben, wobei dieser dich dann weiter als wirtschaftlichen Eigentümer listet. Dieser Prozess variiert sehr, je nachdem was für einen Broker man sich dafür aussucht. Es endet aber immer darin, dass einem ein Konto eröffnet wird, wenn man noch keines hat. Und man anschließend den Broker ganz einfach anweisen kann, die Aktie zu verkaufen.

Zuletzt besteht auch die Möglichkeit, Aktien nicht über einen Broker zu verkaufen. Diese Möglichkeit ist allerdings eher unwahrscheinlich, wird aber der Vollständigkeit halber hier aufgeführt. Man geht dabei davon aus, dass man einen Interessenten an einer Aktie persönlich kennt. Jede Firma, die ihre Anteile über Aktien handelt, hat einen so genannten **Transfer Agent**. Das kann eine Person der Firma oder auch eine externe Bank sein, die im Grunde die Überschreibung und den Besitz von Aktien regeln. Man würde in so einem Fall den Transfer Agent anweisen, den Besitz über die Aktie nicht über Wertpapiere, sondern über einen Bucheintrag in der Firma zu regeln, um Betrug vorzubeugen. Anschließend kann man das Wertpapier zu einem verhandelten Preis an den Interessenten verkaufen und dann den Transfer Agent bitten, den Bucheintrag in der Firma zu überschreiben, um den Verkauf abzuschließen.

Wie man auch immer verfahren ist, nach dem Verkauf der Aktien hat man hoffentlich einen Gewinn erzielt und kann dies Geld entweder nutzen, um seine Ziele zu verwirklichen oder um vielleicht einen Teil wieder in weitere Aktien anzulegen.

Schlusswort

Nach dem Lesen dieses Buches solltest du nun generell in der Lage sein, mit dem Handeln von Aktien anzufangen. Wie immer wiederholt, solltest du dich natürlich ständig weiter informieren. Viele Dinge wirst du auch erst in der praktischen Anwendung lernen, und nicht aus Büchern. Die langfristige Ausrichtung beim Handel mit Aktien ist ein genereller Grundsatz, der dir hilft Risiko zu vermeiden. Vielleicht hast du aber auch Spaß am Handeln mit Aktien und du möchtest ein wenig riskieren. Es spricht auch nichts dagegen, mehrere der bereits genannten Methoden gleichzeitig zu verwenden. Vielleicht kaufst du ein paar Value-Aktien für eine wichtige Anschaffung und belegst diese mit einer langfristig gültigen Sell Limit Order und einer Stop Order. Und kümmerst dich dann gar nicht mehr um diese Aktien, während du mit einer anderen Aktie kurzfristig zockst. Die Wahl liegt bei dir und es steht dir komplett frei, wie du mit deinen Aktien handeln möchtest. Beachte die Grundsätze und erhöhe so die Wahrscheinlichkeit, langfristig Erfolg mit Aktien zu haben.

Impressum

Text: Copyright © 2018 by ALI KALAI TLEMCANI

Impressum:

ALI KALAI TLEMCANI

1 Complexe El hassani Immeuble Amal 2

90000 TANGIER

Marokko

Alle Rechte vorbehalten.

Nachdruck oder Kopieren, auch auszugsweise, ist ohne Erlaubnis des Autors nicht gestattet.

Cover-Foto: © Wipas Rojjanakard/ www.shutterstock.com

Wichtiger Hinweis:

Die in diesem Buch enthaltenen Informationen dienen ausschließlich informativen Zwecken und dürfen unter keinen Umständen als Ersatz für eine professionelle Beratung oder Behandlung durch ausgebildete und anerkannte Ärzte angesehen werden. Diese beinhalten keinerlei Empfehlungen bezüglich bestimmter Diagnose- oder Therapieverfahren. Die Inhalte dürfen niemals als eine Aufforderung zur Selbstbehandlung oder als Grundlage für Selbstdiagnosen und -medikation verstanden werden. Die Informationen spiegeln lediglich die Meinung des

Autors wieder. Der Autor übernimmt für die Art oder Richtigkeit der Inhalte keine Garantie, weder ausdrücklich noch impliziert.

Sollten Inhalte des Buches gegen geltendes Recht verstoßen, dann bittet der Autor um umgehende Benachrichtigung. Die betreffenden Inhalte werden dann umgehend entfernt oder geändert.

Haftung für Links

Das Buch enthält Links zu externen Webseiten Dritter, auf deren Inhalte wir keinen Einfluss haben. Deshalb können wir für diese fremden Inhalte keine Gewähr übernehmen. Für die Inhalte der verlinkten Seiten ist stets der jeweilige Anbieter oder Betreiber der Seiten verantwortlich. Die verlinkten Seiten wurden zum Zeitpunkt der Verlinkung auf mögliche Rechtsverstöße überprüft. Rechtswidrige Inhalte waren zum Zeitpunkt der Verlinkung nicht erkennbar. Eine permanente inhaltliche Kontrolle der verlinkten Seiten ist jedoch ohne konkrete Anhaltspunkte einer Rechtsverletzung nicht zumutbar. Bei Bekanntwerden von Rechtsverletzungen werden wir derartige Links umgehend entfernen.

www.ingramcontent.com/pod-product-compliance
Lightning Source LLC
Chambersburg PA
CBHW050029230526
45470CB00003B/1195